Impressum
Verlag: BABADADA GmbH, Nedderfeld 112 , 22529 Hamburg
Geschäftsführer / Verlagsleitung: Harald Hof
Druck: Books on Demand GmbH, In de Tarpen 42, 22848 Norderstedt

Imprint
Publisher: BABADADA GmbH, Nedderfeld 112 , 22529 Hamburg, Germany
Managing Director / Publishing direction: Harald Hof
Print: Books on Demand GmbH, In de Tarpen 42, 22848 Norderstedt

school

sikolwa

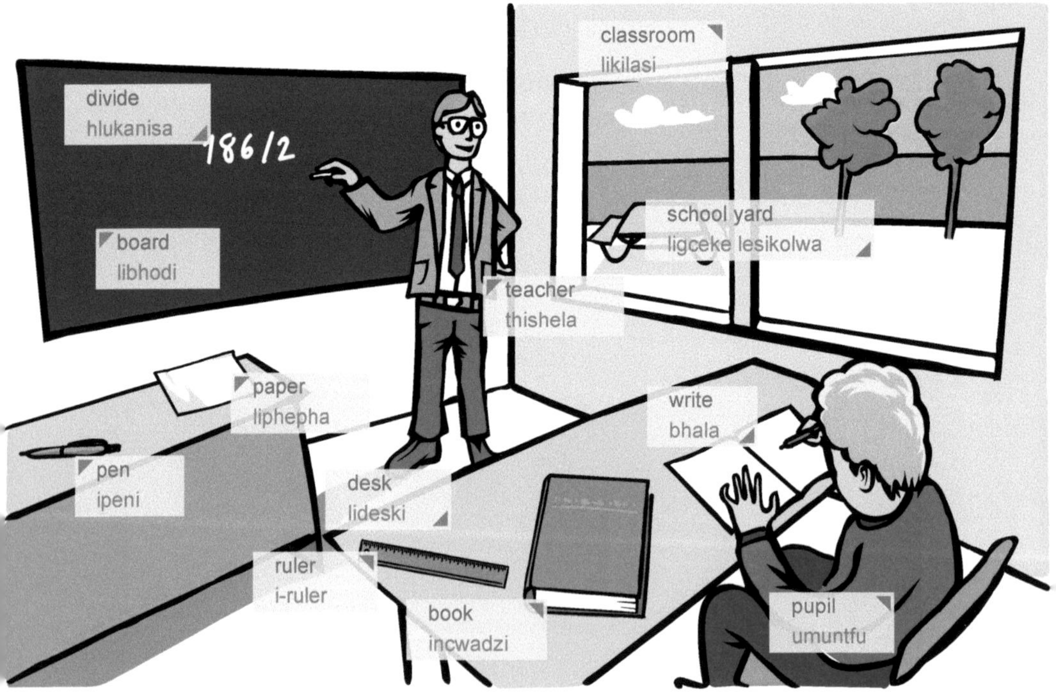

classroom
likilasi
divide
hlukanisa
186/2
board
libhodi
school yard
ligceke lesikolwa
teacher
thishela
paper
liphepha
write
bhala
pen
ipeni
desk
lideski
ruler
i-ruler
book
incwadzi
pupil
umuntfu

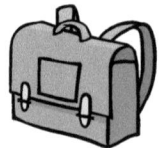

satchel

sikhwama setincwadzi tesikolwa

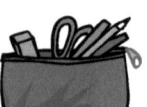

pencil case

sikhwanyana semapenisela

pencil

ipenisela

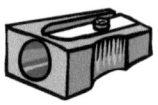

pencil sharpener

umshini wekulolo ipenisela

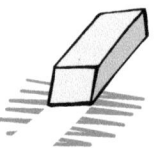

rubber

i-rubber

drawing pad

intfo yekudvweba

drawing

umdvwebo

paintbrush

libhulashi lekupenda

paint box

libhokisi lekupenda

scissors

tikelo

glue

i-glue

exercise book

incwadzi yekutadisha

homework

umsebenti wasekhaya

12

number

inombolo

2+2

add

hlanganisa

5-2

subtract

susa

2×2

multiply

phindzaphidza

calculate

bala

A

letter

incwadzi

ABCDEFG HIJKLMN OPQRSTU VWXYZ

alphabet

feleba

hello

word

ligama

text

umbhalo

read

fundza

chalk

ishogo

lesson

sifundvo

register

i-register

examination

sivivinyo sekugcina

certificate

sitifiketi

school uniform

timphahla tesikolwa

education

imfundvo

encyclopedia

i-ensaklopheda

university

inyuvesi

microscope

sipopolo

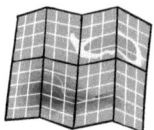

map

libalave

waste-paper basket

libhakede lekulahla
emaphepha

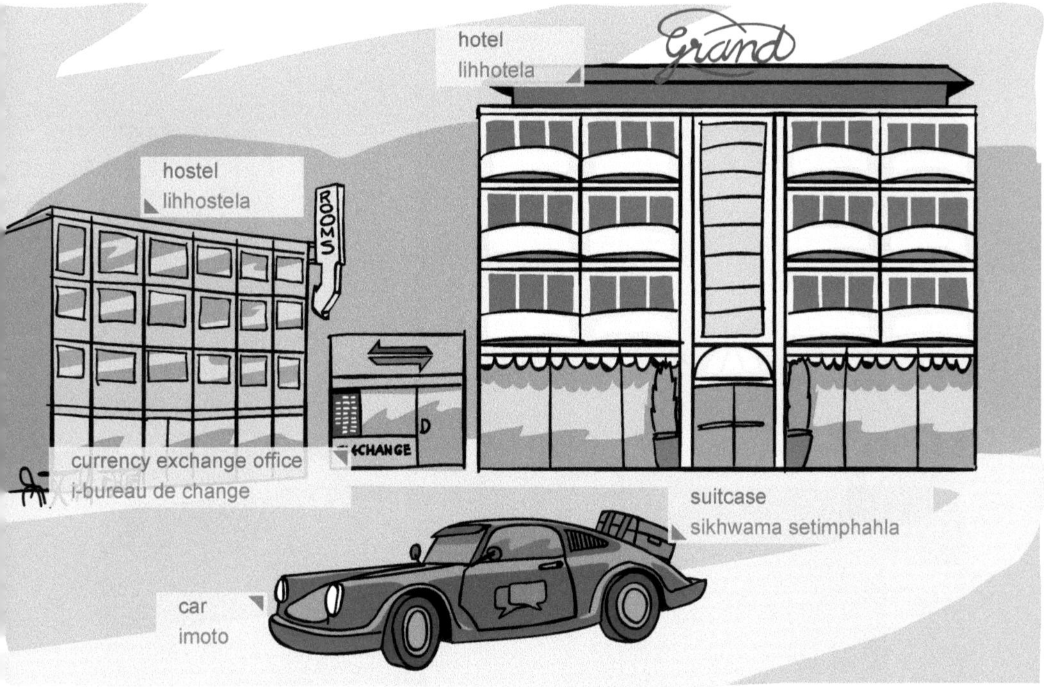

hotel
lihhotela

hostel
lihhostela

currency exchange office
i-bureau de change

suitcase
sikhwama setimphahla

car
imoto

language
....
lulwimi

yes / no
....
yebo / cha

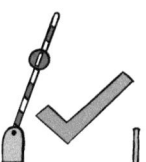

Okay
....
Kulungile

hello
....
sawubona

translator
....
umhumushi

Thank you
....
Siyabonga

how much is…?

ingumalini i….?

I don´t get it

angivisisi kahle

problem

inkinga

Good evening!

Lishonile!

Good morning!

Kusile!

Good night!

Ulale kahle!

goodbye

sala kahle

direction

sicondziso

luggage

umtfwalo

bag

sikhwama

backpack

sikhwama lesigacwako

guest

sivakashi

room

likamelo

sleeping bag

sikhwama sekulala

tent

lithende

tourist information	beach	credit card
imininingwane yetivakashi	ibhishi	likhadi lemali

breakfast	lunch	dinner
kudla kwasekuseni	kudla kwasemini	kudla kwantsambama

Ticket	elevator	stamp
lithikithi	i-lift	sitembu

border	customs	embassy
umcele	emakhasimende	i-embasi

visa	passport
i-visa	ipasipoti

transport
kwetfutsa

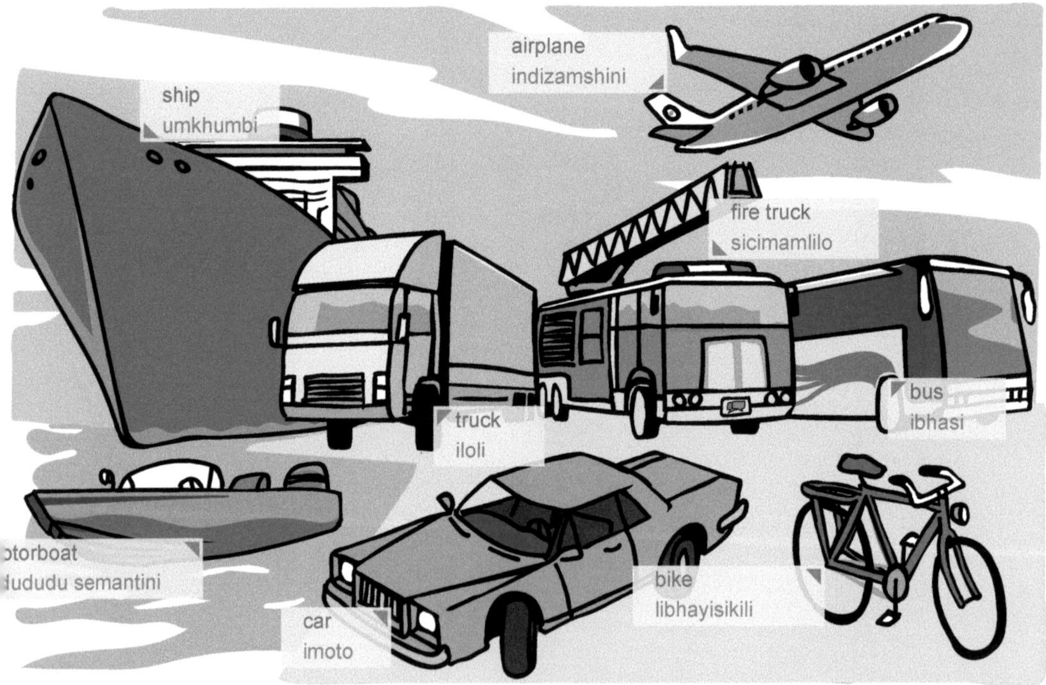

airplane
indizamshini
ship
umkhumbi
fire truck
sicimamlilo
truck
iloli
bus
ibhasi
otorboat
ududu semantini
bike
libhayisikili
car
imoto

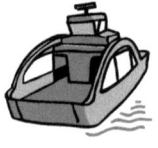

ferry

i-ferry

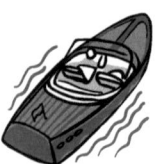

boat

sikebhe

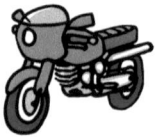

motorbike

sidududu

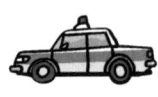

police car

imoto yemaphoyisa

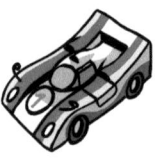

racing car

imoto yemjaho

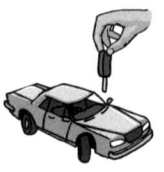

rental car

imoto yekucashisa

car sharing

kubolekana imoto

tow truck

i-breadown

garbage truck

iloli yetibi

engine

imoto

fuel

phethiloli

fuel station

ligalaji laphethiloli

traffic sign

luphawu lwemgwaco

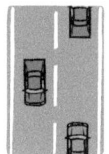

traffic

incumbi yetimoto

traffic jam

incumbi yetimoto letime
emngwacweni

parking lot

ipaki yemoto

train station

siteshi sesitimela

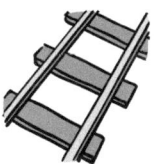

tracks

imizila

train

sitimela

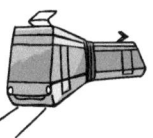

tram

i-tram

wagon

inkalishi

helicopter

indiza lenaphephela emhlane

airport

sikhungo setindiza

tower

imoto yekudvonsa letibhajiwe

passenger

bagibeli

container

intfo yekutfwala

carton

likhathoni

cart

i-cart

basket

bhasikidi

take off / land

kusuka / kwehla

city

lidolobha lelikhulu

village

umuti

city center

ekhatsi nelidolobha

house

indlu

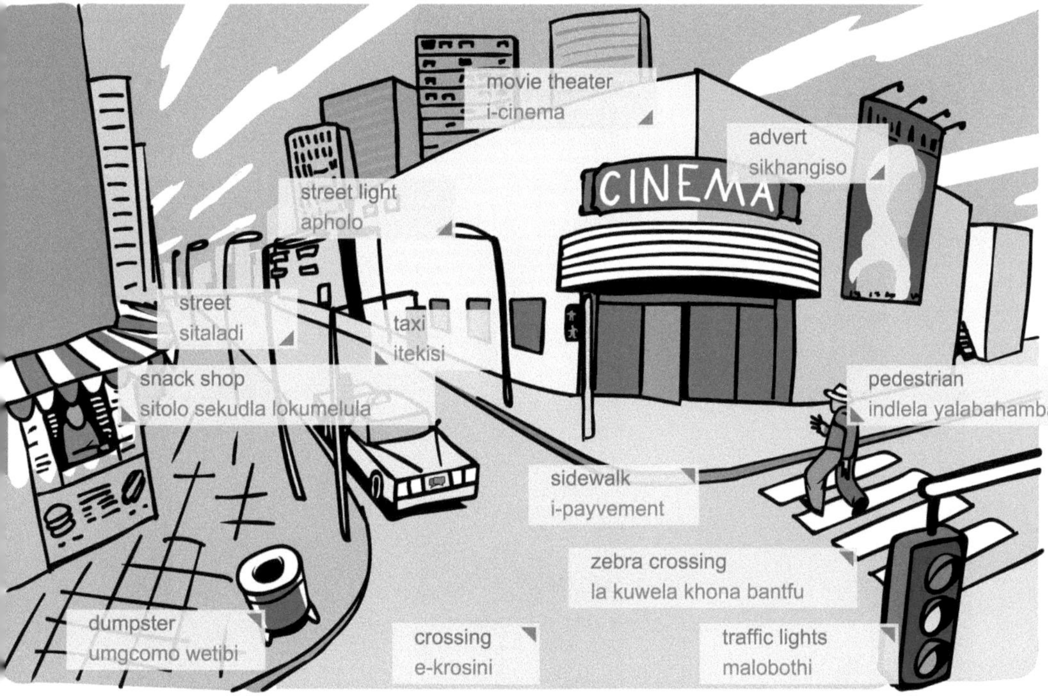
movie theater
i-cinema
advert
sikhangiso
CINEMA
street light
apholo
street
sitaladi
taxi
itekisi
snack shop
sitolo sekudla lokumelula
pedestrian
indlela yalabahamba
sidewalk
i-payvement
zebra crossing
la kuwela khona bantfu
dumpster
umgcomo wetibi
crossing
e-krosini
traffic lights
malobothi

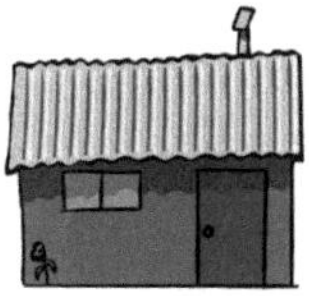

hut

gucasthandaze

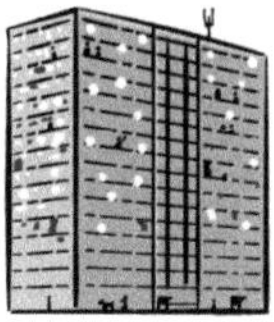

apartment

lifulethi

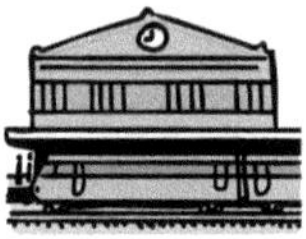

train station

siteshi sesitimela

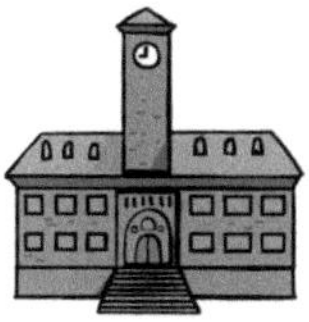

city hall

lihholwa lasedolobheni

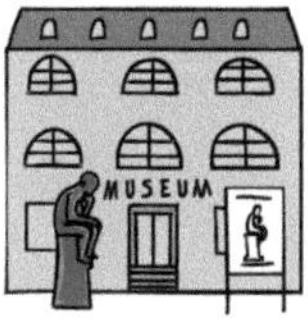
MUSEUM

museum

imnyusiyamu

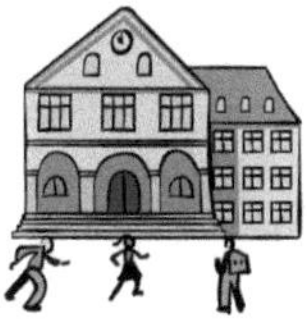

school

sikolwa

university

inyuvesi

bank

libhange

hospital

sibhedlela

hotel

lihhotela

pharmacy

ikhemisi

office

lihhovisi

book shop

sitolo setincwadzi

shop

sitolo

flower shop

lotsengisa timbali

supermarket

isuphamakethe

market

imakethe

department store

litiko letitolo

fishmonger's shop

batsengisi betimfishi

mall

luchungechuge lwetitolo

harbor

sikhungo

12   city - lidolobha lelikhulu

park

lipaki

bench

libhentji

bridge

libhuloho

stairs

titezi

subway

ngephansi kwemhlaba

tunnel

umhume

bus stop

siteshi sebhasi

bar

sitolo setjwala

restaurant

sitolo sekudla

postbox

libhokisi leliposi

street sign

luphawu lwemgwaco

parking meter

umshini lobala sikhatsi
sekupaka

zoo

i-zoo

swimming pool

i-swimming pool

mosque

lisontfo lemasulumane

farm
lipulazi

pollution
kugcolisa umoya

cemetery
emathuna

church
lisontfo

playground
inkhundla yetemidlalo

temple
lithempeli

landscape
libala

leaf
licembe

signpost
luphawu lwemgwaco

path
indlela

meadow
umshiya

stone
litje

hiker
lohamba indlela lendze ngetinyawo

tree
sihlahla

river
umfula

grass
tjani

flower
imbali

valley

sihosha

hill

ligcuma

lake

lidanyana

forest

lihlatsi

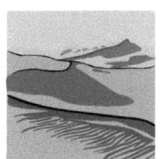

desert

lihlane

volcano

intsabamlilo

castle

umhlambi wetinkhomo

rainbow

umushi wenkhosatane

mushroom

likhowa

palm tree

sihlahla semphayini

mosquito

imbuzulwane

fly

kundiza

ant

intfutfwane

bee

inyosi

spider

sayobi

beetle

inkhubabulongo

frog

sicoco

squirrel

chakijane

hedgehog

ingungumbane

hare

lolunye luhlobo lwalogwaja

owl

sikhova

bird

inyoni

swan

i-swan

boar

ingulube yesiganga

deer

inyamatane

moose

i-moose

dam

lidamu

wind turbine

i-wind turbine

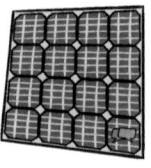

solar panel

i-solar panel

climate

simo selitulu

restaurant

sitolo sekudla

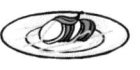

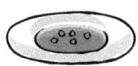

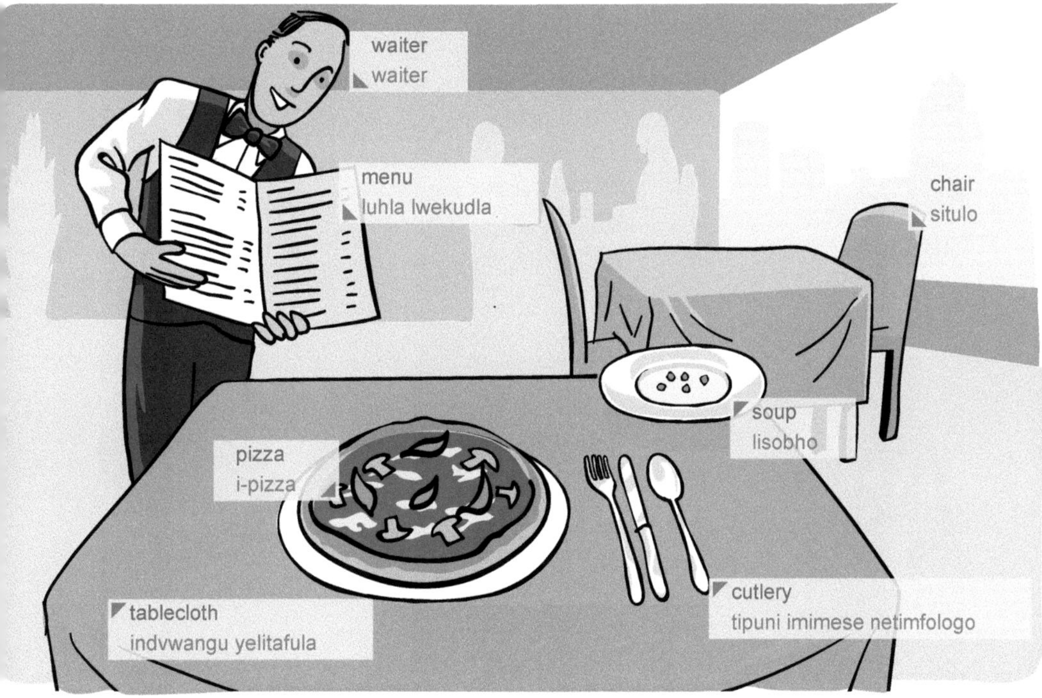

waiter
waiter
menu
luhla lwekudla
chair
situlo
soup
lisobho
pizza
i-pizza
tablecloth
indvwangu yelitafula
cutlery
tipuni imimese netimfologo

starter

kudla lokusicalo

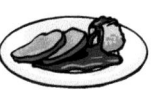

main course

kudla locinile

dessert

idizethi

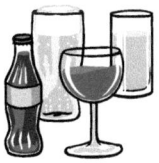

drinks

tinatfo

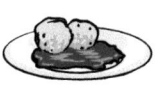

food

kudla

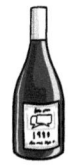

bottle

libhodlela

fast food

kudla lokusheshako

street food

kudla kwasemngwacweni

teapot

ligedlela lelitiye

sugar bowl

indishi yashukela

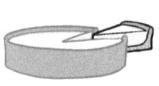

portion

incenye

espresso machine

umshini we-espresso

high chair

situlo lesiphakeme

bill

ibhili

tray

li-tray

knife

umukhwa

fork

imfologo

spoon

sipuni

teaspoon

sipuni lesincane

serviette

ithishu yetandla

glass

ligilasi

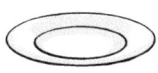		
plate	soup plate	saucer
lipuleti	lipuleti lelisobho	lipringi

sauce	salt shaker	pepper mill
i-sauce	libhodvo lasawoti	i-pepper mill

vinegar	oil	spices
niniga	emafutsa awoyela	tipayisi

ketchup	mustard	mayonnaise
i-ketchup	i-mustard	mayonasi

supermarket
isuphamakethe

special offer
lokusendalini
FOR
customer
likhasimende
dairy products
indzawo yelubisi
fruit
titselo
shopping cart
i-trolley

BUTCHERS

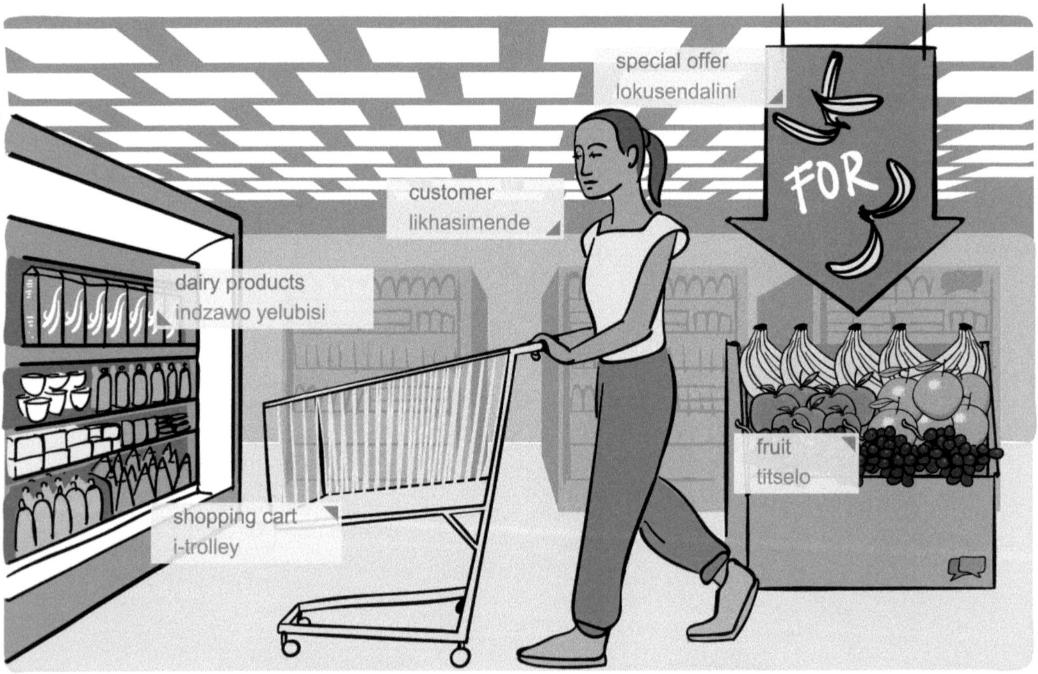

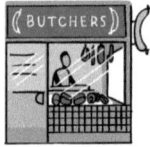

butcher's shop

ibhushari

BAKERY

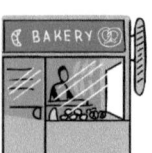

bakery

i-baker

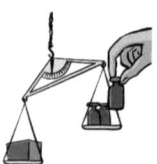

weigh

kala

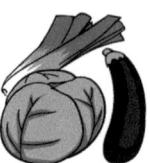

vegetables

tibhidvo

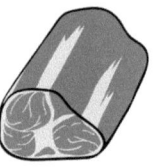

meat

inyama

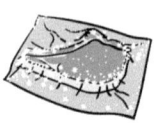

frozen food

kudla lokucandzisiwe

cold cuts

inyama lebandzako

canned food

kudla likusemathinini

detergent

insipho yekuwasha

candy

emaswidi

household products

tintfo tasekhaya

cleaning products

imitsi yekukolobha

sales representative

umuntfu lotsengisako

cash register

endzaweni yekubhadala

cashier

umtsengisi

shopping list

luhla lwetintfo tekutsengwa

opening hours

ema-awa ekuvula

wallet

sipatji

credit card

likhadi lemali

bag

sikhwama

plastic bag

sikhwama seshekhasi

water

emanti

juice

ijuzi

milk

lubisi

coke

ikhokhi

wine

liwani

beer

ibhiya

alcohol

tjwala

cocoa

ikhokho

tea

litiye

coffee

likhofi

espresso

i-espresso

cappuccino

i-cappuccino

banana

bhanana

apple

lihhabhula

orange

liwolintji

melon

melon

lemon

ilemoni

carrot

emavondlela

garlic

galiki

bamboo

i-bamboo

onion

anyanisi

mushroom

emakhowa

nuts

emantongomane

noodles

ema-noodles

spaghetti

sipageti

rice

lilayisi

salad

isaladi

fries

emashibusi

fried potatoes

emazambane lafrayiwe

pizza

i-pizza

hamburger

i-burger

sandwich

isengwishi

escalope

inyama lefulawe netimvitsi
tesinkhwa

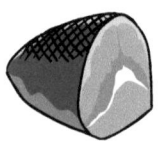

ham

i-ham

salami

isalami

sausage

livosi

chicken

inyama yenkhukhu

roast

lokufrayiwe

fish

imfishi

porridge oats

i-oats

muesli

imusili

cornflakes

ema-cornflakes

flour

fulawa

croissant

ema-croissant

bread roll

sinkhwa

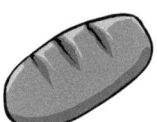

bread

sinkhwa

toast

linkhwa lesithosiwe

cookies

emabhisikidi

butter

bhotela

curd

i-curd

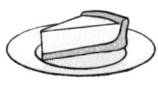

cake

likhekhe

egg

emacandza

fried egg

emacandza lafulayiwe

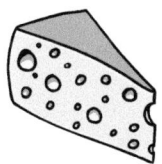

cheese

ishizi

ice cream

i-ice cream

sugar

shukela

honey

luju

jelly

jamu

nougat cream

shokolethi

curry

ikheri

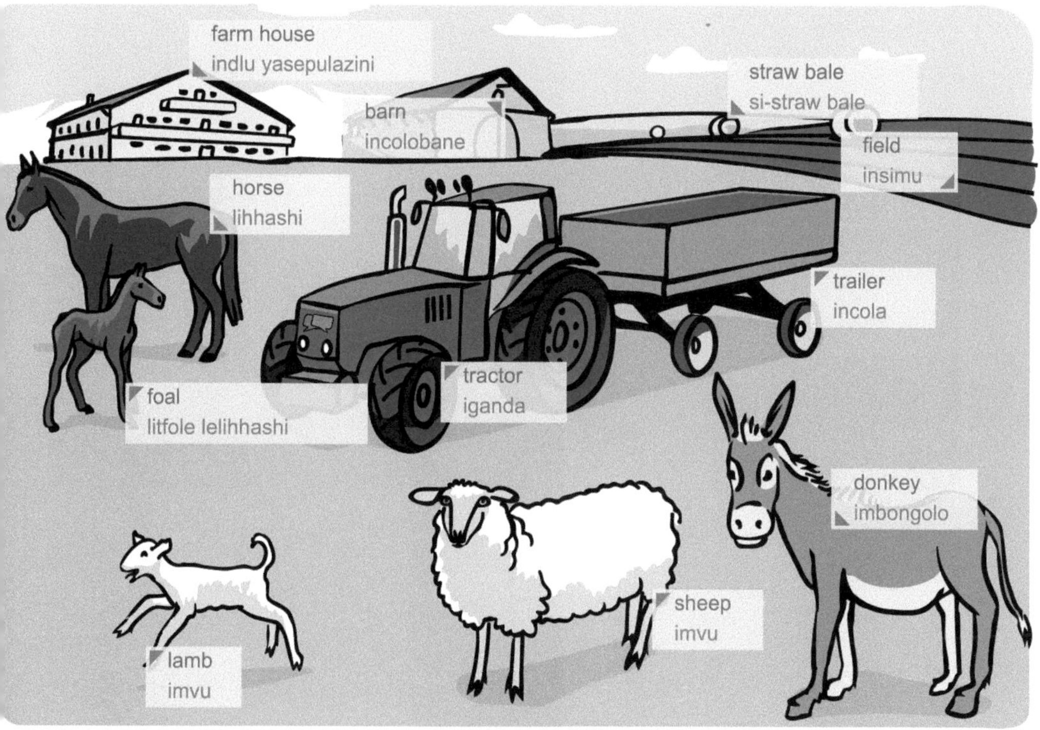

farm house
indlu yasepulazini

barn
incolobane

straw bale
si-straw bale

field
insimu

horse
lihhashi

trailer
incola

foal
litfole lelihhashi

tractor
iganda

donkey
imbongolo

sheep
imvu

lamb
imvu

goat

imbuti

cow

inkhomo

calf

litfole

pig

ingulube

piglet

ingulutjana

bull

inkhunzi

goose

lihansi

duck

lidada

chick

lintjwele

hen

sikhukhukati

cockerel

lichudze

rat

ligundvwane

cat

likati

mouse

ligundvwane lelincane

ox

inkhunzi

dog

inja

dog house

indlu yenja

garden hose

liphayiphi lemanti
asengadzini

watering can

libhakede lemanti

scythe

i-scythe

plow

likhuba leganda

sickle

lisikela

hoe

likhuba

pitchfork

imfologo yetjani

axe

lizembe

pushcart

libhala

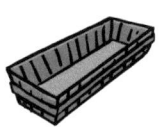

trough

litrofula

milk can

iromkani

sack

lisaka

fence

ifenisi

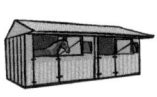

stable

sitebele

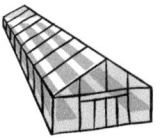

greenhouse

indlu leluhlata

soil

umhlabatsi

seed

imbewu

fertilizer

sivundzisi

combine harvester

bavuni

harvest

vuna

harvest

sivuno

yams

i-yams

wheat

likhula

soya

isoyi

potato

lizambane

corn

sibhuluja sembila

rapeseed

i-rapeseed

fruit tree

sihlahla setitselo

manioc

bhatata

grain

ema-cereals

house

indlu

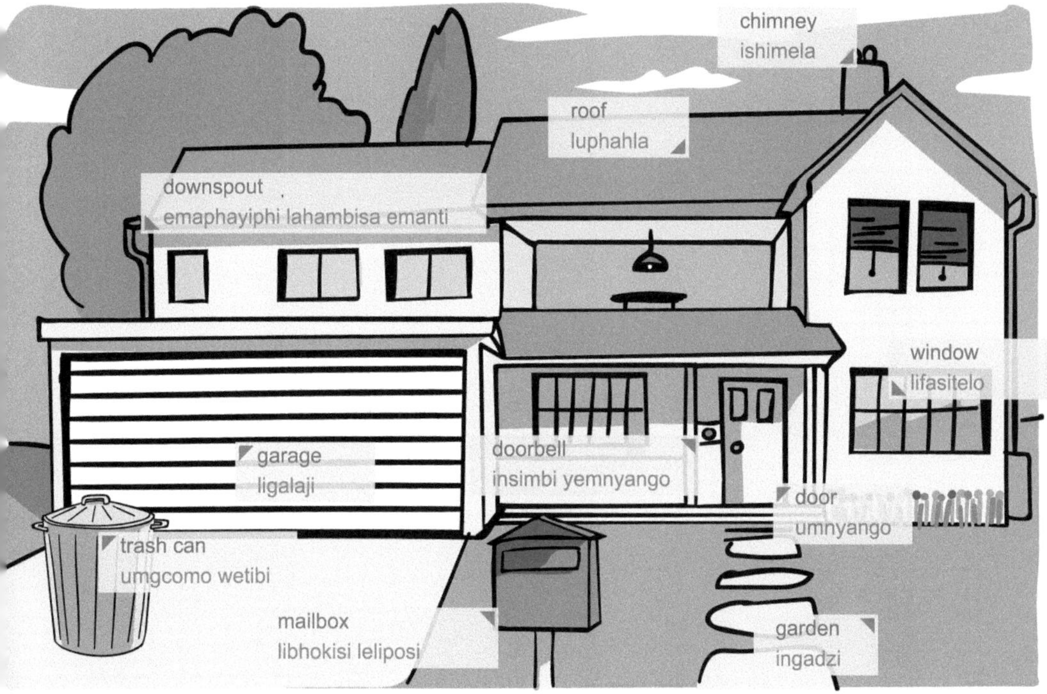
chimney
ishimela
roof
luphahla
downspout
emaphayiphi lahambisa emanti
window
lifasitelo
garage
ligalaji
doorbell
insimbi yemnyango
door
umnyango
trash can
umgcomo wetibi
mailbox
libhokisi leliposi
garden
ingadzi

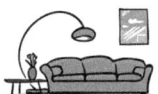

living room

indzawo yamabonakudze

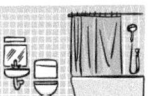

bathroom

likamelo lekugezela

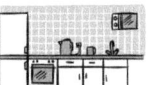

kitchen

likhishi

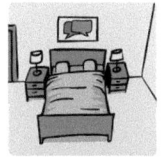

bedroom

likamelo

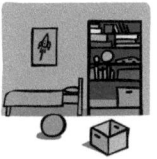

kids room

likamelo lemntfwana

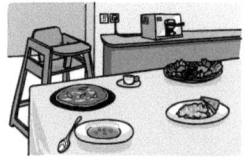

dining room

ligumbu lekudlela

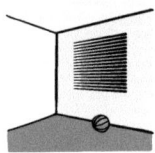

floor

siyilo

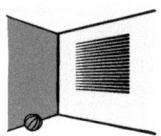

wall

lubondza

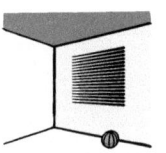

ceiling

isilingi

cellar

i-cellar

sauna

i-sauna

balcony

umpheme

terrace

libala

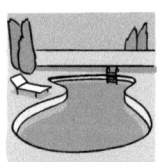

pool

lidamu lekududa

lawn mower

umshini wetjani

sheet

lishidi

bedspread

ibhedspredi

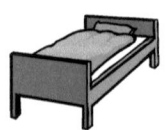

bed

umbhedze

broom

umshanelo

bucket

libhakede

switch

iswishi

living room
indzawo yamabonakudze

wallpaper
i-wallpaper
picture
sitfombe
lamp
sibane
shelf
lishelufa
cabinet
likhabethe
television
mabonakudze
fireplace
likahela
flower
imbali
cushion
ikhushini
sofa
sofa
vase
ivasi
remote control
irimothi

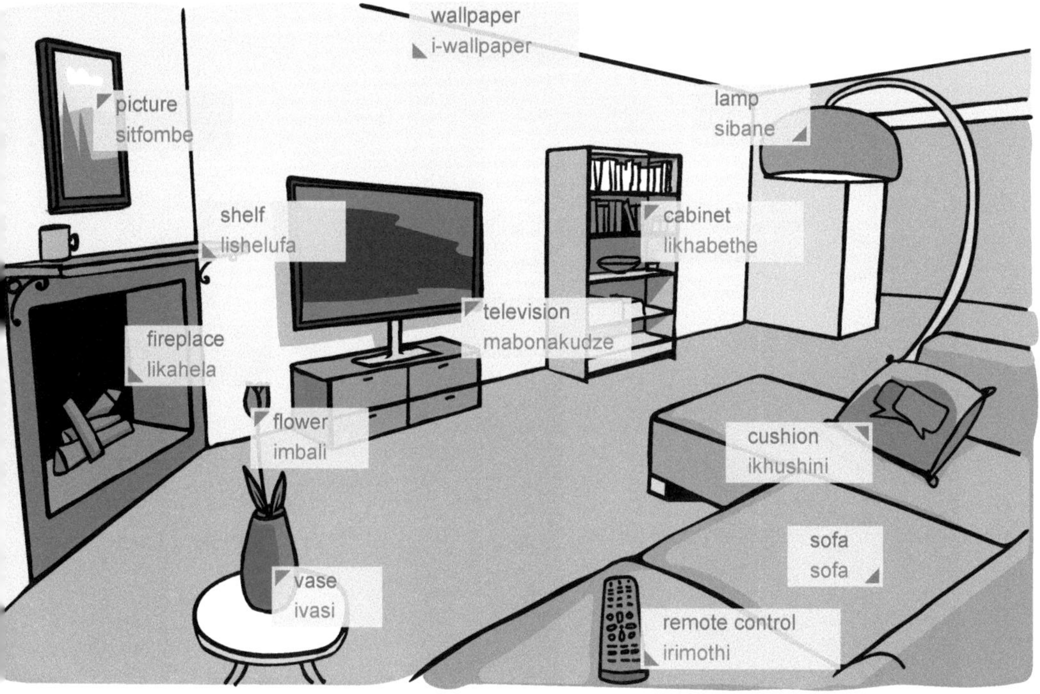

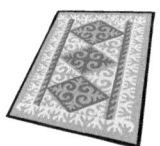

carpet
imadi yendlu

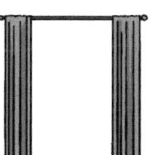

drape
likhetheni

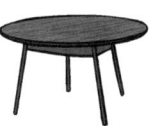

table
litafula

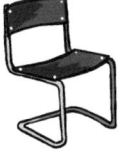

chair
situlo

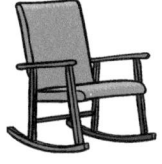

rocking chair
situlo sangephandle

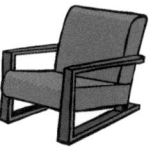

armchair
situlosemikhono

book

incwadzi

blanket

ingubo

decoration

umhlobiso

firewood

tinkhuni tekubasa

film

lifilimu

stereo system

igumbagumba

key

tikhiya

newspaper

liphephandzaba

painting

pende

poster

likhadi laselubondzeni

radio

iwayilensi

notebook

kwekutsa emaphuzu

vacuum cleaner

i-hoover

cactus

sitjalo lokutsiwa yi-cactus

candle

likhandlela

kitchen
likhishi

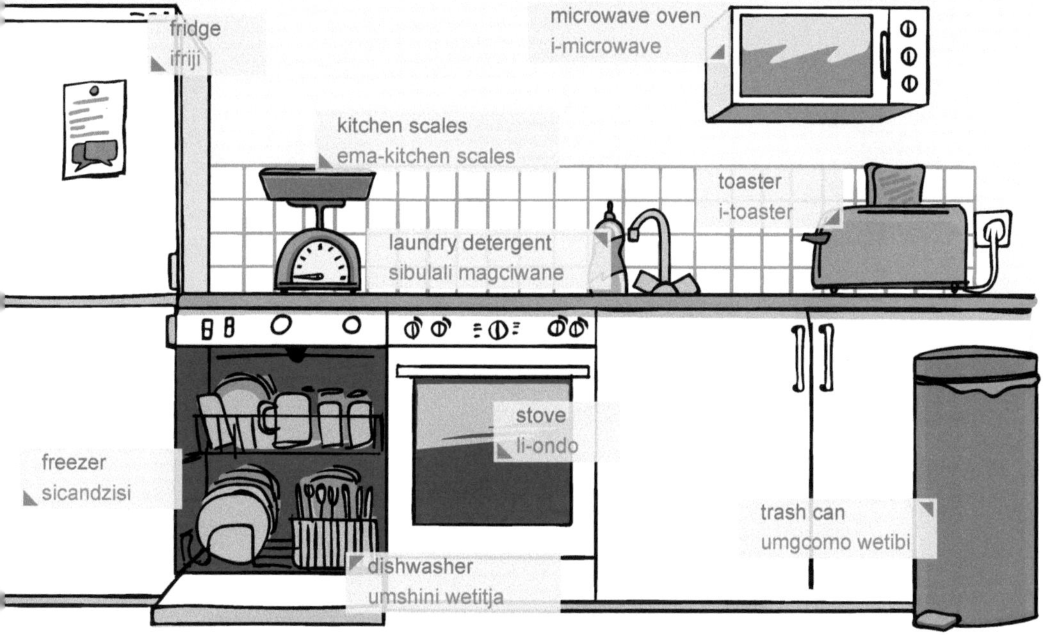

fridge
ifriji
microwave oven
i-microwave
kitchen scales
ema-kitchen scales
toaster
i-toaster
laundry detergent
sibulali magciwane
stove
li-ondo
freezer
sicandzisi
trash can
umgcomo wetibi
dishwasher
umshini wetitja

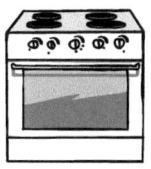

cooker
umpheki

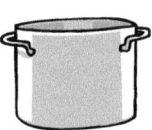

pot
libhodvo

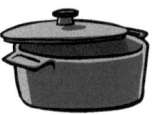

cast-iron pot
i-cast-iron pot

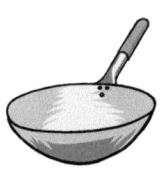

wok / kadai
i-wok /kadai

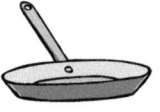

pan
lipani

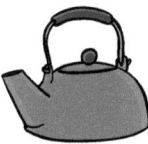

kettle
ligedlela

steamer

i-steamer

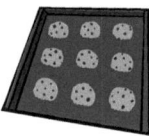

baking tray

lipani lekubhaka

crockery

i-crockery

mug

imagi

bowl

indishi

chopsticks

tindvukwana tekujuba

ladle

i-landle

spatula

si-spatula

whisk

i-whisk

strainer

i-strainer

sieve

i-sieve

grater

i-grater

mortar

i-mortar

barbecue

i-barbecue

fireplace

umlilo lovulekile

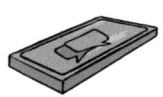

chopping board

libhodi lekujuba kudla

rolling pin

i-rolling pin

corkscrew

i-corkscrew

can

likani

can opener

lithulusi lekuvala likani

oven cloth

intfo yekubeka emabhodvo

sink

izinki

brush

libhulashi

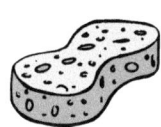

sponge

sipontji

blender

i-blender

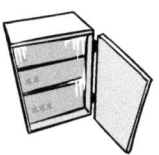

deep freezer

i-deep freezer

baby bottle

libhodlela lemntfwana

tap

impompi

bathroom
likamelo lekugezela

heating
kwekutfutfumeta
towel
lithawula
shower
i-shower
shower curtain
likhetheni le-shower
bubble bath
insipho yemagwebu
bathtub
impompi yelibhavu
glass
ligilasi
washing machine
umshini wekuwasha
tap
impompi
tiles
emathayili
potty
i-potty
sink
izinki

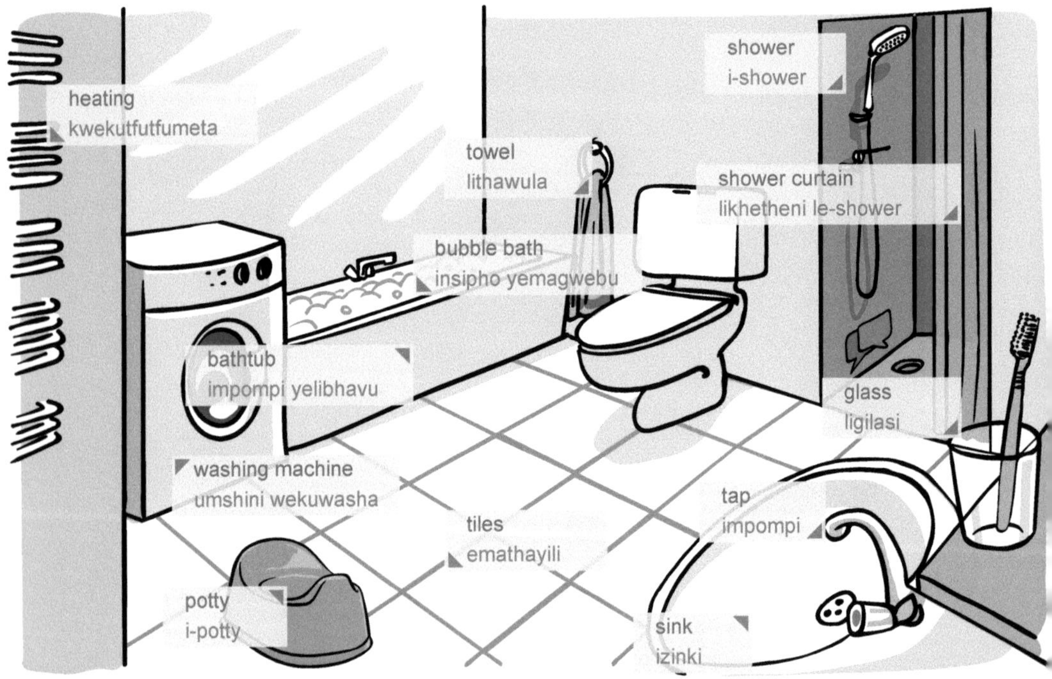

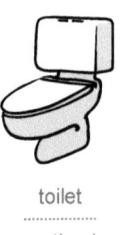

toilet

umthoyi

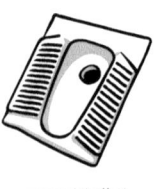

squat toilet

libhodvo lemthoyi

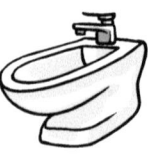

bidet

i-bidet

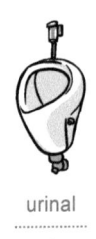

urinal

umnchamo

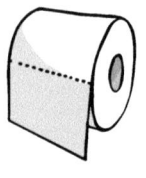

toilet paper

ithishu

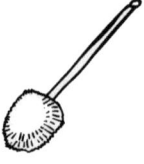

toilet brush

libhulashi lemthoyi

toothbrush

libhulashi lematinyo

toothpaste

insipho yematinyo

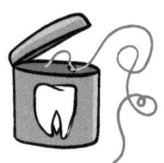

dental floss

intsambo yekuhlanta
ematinyo

wash

washa

hand shower

liphayiphu le-shower
lelibanjwa ngetandla

douche

i-douche

basin

i-basin

back brush

libhulashi lemgogodla

soap

insipho lecinile

shower gel

i-gel ye-shower

shampoo

insipho yemagwebu

flannel

i-flannel

drain

kwekuhambisa emanti

creme

i-cream

deodorant

emakha emakhwapha

mirror

sibuko

hand mirror

sibuko lesincane

razor

i-razor

shaving foam

emagwebu ekushefa

aftershave

kwegcobisa ngemuva
kwekushefa

comb

i-comb

brush

libhulashi

hair-dryer

kwekomisa tinwele

hairspray

kwekufutsa tinwele

makeup

kwekutimomonya

lipstick

i-lipstick

nail varnish

pende wetingalo

cotton wool

i-cotton wool

nail scissors

sikelo setingalo

perfume

emakha

washbag

sikhwama setintfo tekugeza

stool

situlo

weighing scales

sikali sesisindvo

bathrobe

kwekugcoka nawugeza

rubber gloves

emagilavu e-rubber

tampon

i-tampon

sanitary towel

lithawula lekuhlanta

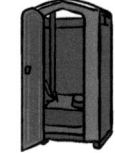

chemical toilet

imitsi yekukolobha umthoyi

kids room
likamelo lemntfwana

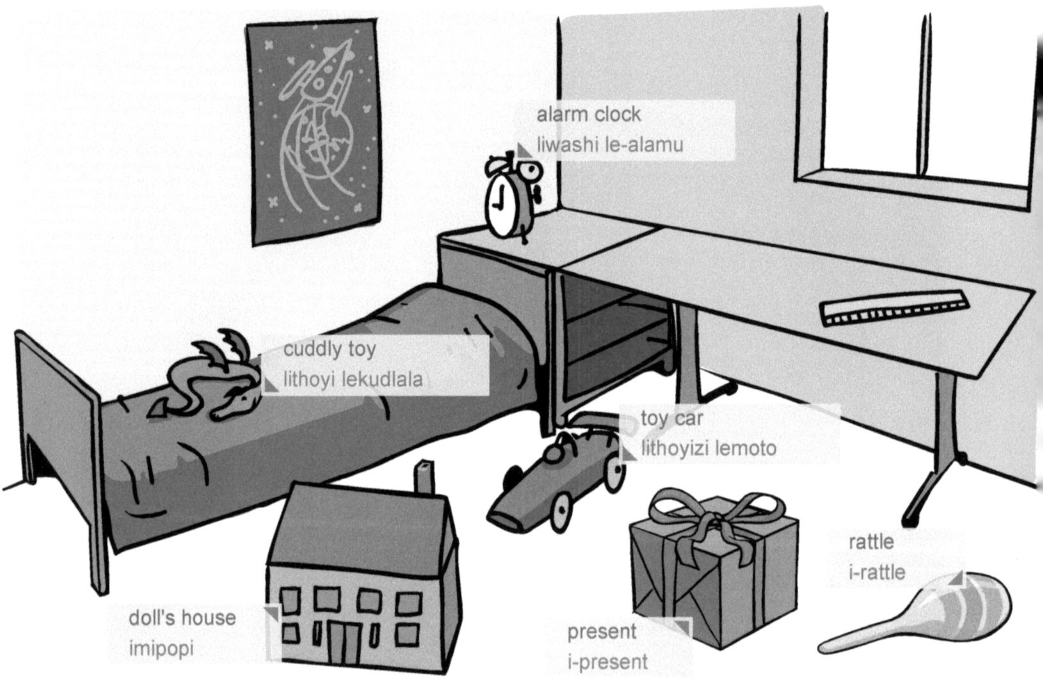

alarm clock
liwashi le-alamu
cuddly toy
lithoyi lekudlala
toy car
lithoyizi lemoto
rattle
i-rattle
doll's house
imipopi
present
i-present

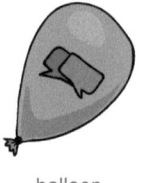

balloon

ibhaluni

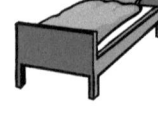

bed

umbhedze

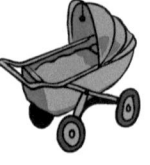

stroller

ipram

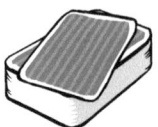

deck of cards

emakhadi ekudlala

jigsaw

i-jigsaw

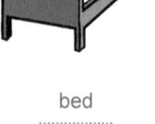

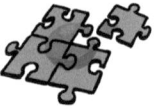

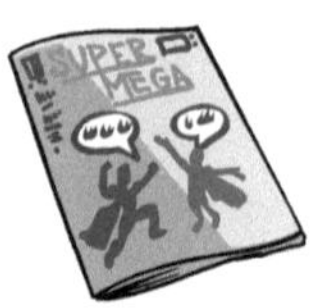

SUPER MEGA

comic

i-comic

lego bricks

emabloko e-lego

toy blocks

emabloko ekwakha

action figure

i-actionfigure

romper suit

kukhula kwemntfwana

frisbee

i-frisbee

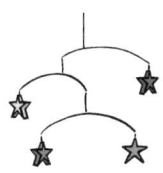

mobile

i-mobile

board game

ibhodi yemdlalo

dice

lidayisi

model train set

isethi yemathoyizi etitimela

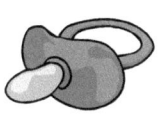

pacifier

i-dummy

party

i-party

picture book

incwadzi yetitfombe

ball

ibhola

doll

nodoli

play

dlala

sandpit

umgodzi wemhlabatsi

swing

umjikeli

toys

emathoyizi

video game console

umshini wemdlalo wema-video

tricycle

masondvontsatfu

teddy bear

umdoli welibhele

wardrobe

ihhodrobhu

clothing

timphahla tekugcoka

socks

emakawosi

stockings

ema-stockings

tights

umtjopi

scarf
sikafu

belt
libhande

umbrella
sambulelo

t-shirt
tikibha

boots
emabhudzi

slippers
ticatfulo tasendlini

sneakers
timphahla tekujima

sandals

tincabule

shoes

ticatfulo

rubber boots

emabhudzi emvula

underwear

emabhuluko angephansi

bra

ibhodi

undershirt

i-vest

clothing - timphahla tekugcoka   45

body

umtimba

pants

emabhuluko

jeans

ibhokathi

skirt

sikedi

blouse

liblawosi

shirt

liyembe

pullover

i-pullover

sweater

i-hoodie

blazer

libhantji

jacket

silamba

coat

lijazi

raincoat

lijazi lemvula

costume

i-costume

dress

lilogo

wedding dress

likogo lemshado

suit

isudi

nightgown

i-gown yasebusuku

pajamas

emabhijamu

sari

i-sari

headscarf

sikafu

turban

i-turban

burka

i-burqa

kaftan

i-kaftan

abaya

i-abaya

swimsuit

timphahla tekududa

trunks

ema-anda

shorts

emabhuluko lamafishane

tracksuit

i-treksudi

apron

liphinifa

gloves

emaglavu

button

inkinobho

glasses

tibuko

bracelet

buhlalu

necklace

umgaco

ring

indandatho

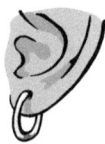

earring

emacici

cap

likepisi

coat hanger

i-hanger yelijazi

hat

sigcoko

tie

thayi

zip

iziphu

helmet

sivikelo senhloko

braces

kwekusekela sitfo semtimba

school uniform

timphahla tesikolwa

uniform

inyunifomu

bib

i-bib

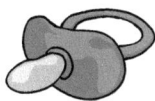

pacifier

i-dummy

diaper

linabukeli

office
lihhovisi

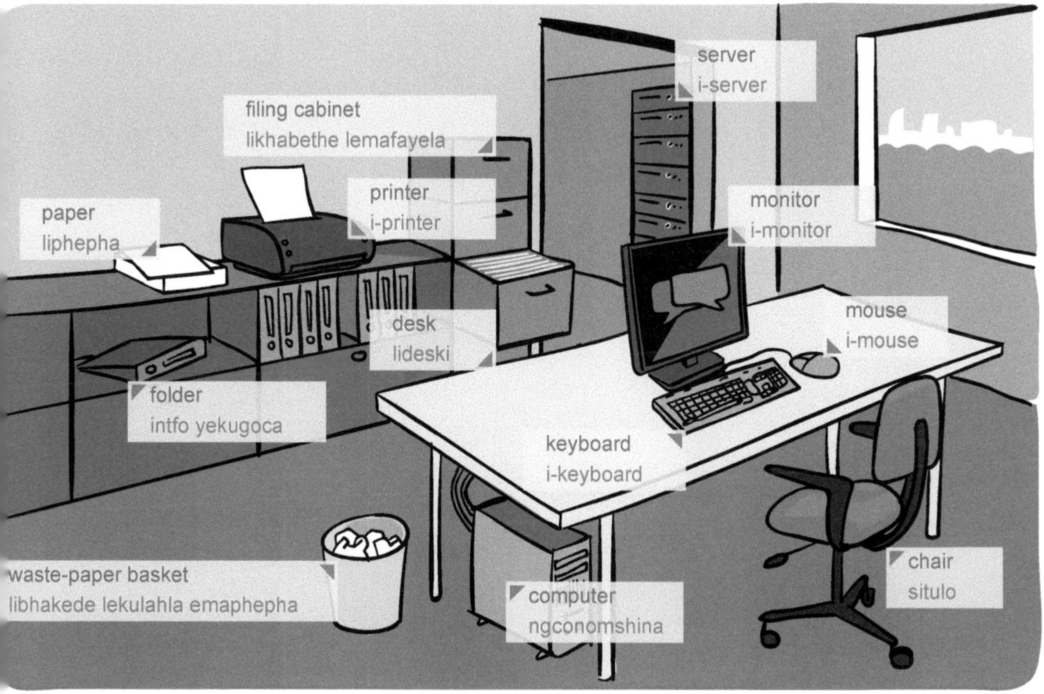

server
i-server

filing cabinet
likhabethe lemafayela

printer
i-printer

monitor
i-monitor

paper
liphepha

desk
lideski

mouse
i-mouse

folder
intfo yekugoca

keyboard
i-keyboard

waste-paper basket
libhakede lekulahla emaphepha

computer
ngconomshina

chair
situlo

coffee mug

likomishi lelikofi

calculator

i-calculator

internet

i-inthanethi

laptop
i-laptop

letter
incwadzi

message
umlayeto

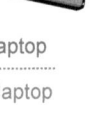

cell phone
i-mobile

network
i-network

photocopier
umshini wekwenta emakhophi

software
i-software

telephone
lucingo

plug socket
liplaliki lagesi

fax machine
umshini wekufeksa

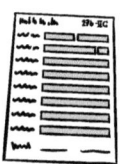

form
lifomu

document
liphepha

buy

tsenga

pay

bhadala

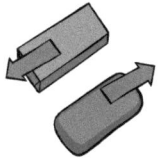

trade

beka imali

money

imali

dollar

li-dollar

euro

li-euro

yen

li-yen

rouble

li-rouble

Swiss franc

i-Swiss franc

renminbi yuan

i-renminbi yuan

rupee

i-rupee

cash point

umshini wemali

currency exchange office

i-bureau de change

gold

ligolide

silver

lisiliva

oil

woyela

energy

emandla

price

linani

contract

sivumelwano

tax

umtselo

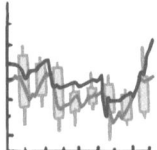

stock

sitoko

work

sebenta

employee

sisebenti

employer

umcashi

factory

ifemu

shop

sitolo

occupations
tikhundla

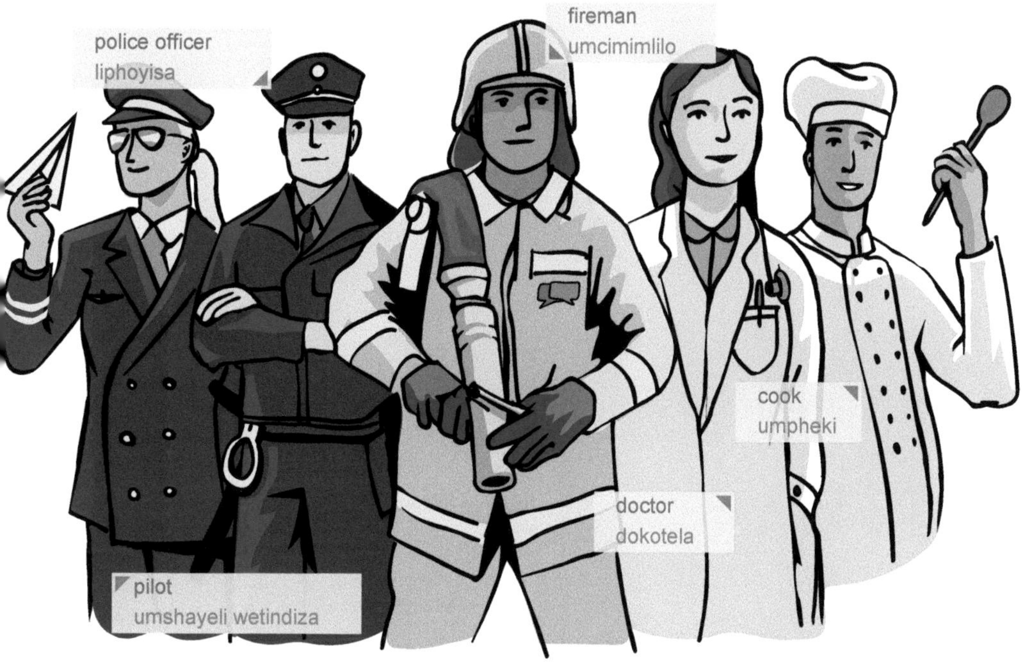
police officer
liphoyisa
fireman
umcimimlilo
cook
umpheki
doctor
dokotela
pilot
umshayeli wetindiza

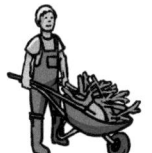

gardener

losebenta engadzini

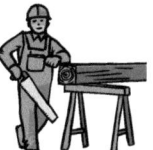

carpenter

ummbati

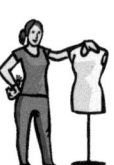

seamstress

umtfungi

judge

mehluleli

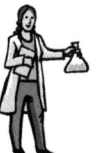

chemist

khemisi

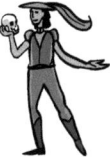

actor

umlingisi

bus driver

umshayeli webhasi

taxi driver

umshayeli wekhumbi

fisherman

umdvobi

cleaning lady

limedi

roofer

umfuleli

waiter

waiter

hunter

umtingeli

painter

mapendani

baker

umbhaki

electrician

gesana

builder

meselane

engineer

sonjiniyela

butcher

umtsengisi wenyama

plumber

somaphayiphi

postman

lohambisa liposi

soldier

lisotja

architect

umdvwebi wemapulani

cashier

umtsengisi

florist

umtsengisi wetimbali

hairdresser

losebenta ngetinwele

conductor

umbhidisi

mechanic

mekhenikha

captain

kaputeni

dentist

dokotela wematinyo

scientist

sosayensi

rabbi

rabi

imam

imam

monk

monk

pastor

umfundisi

tools

emathulusi

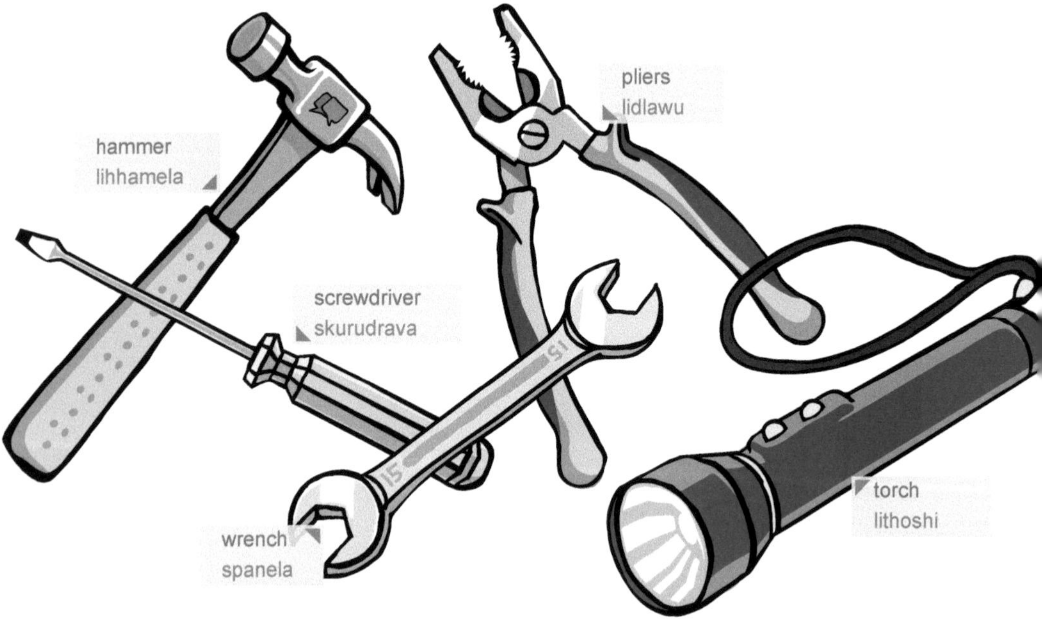

hammer
lihhamela
pliers
lidlawu
screwdriver
skurudrava
wrench
spanela
torch
lithoshi

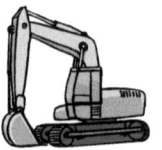

excavator

lifosholo

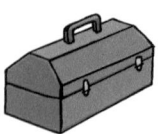

toolbox

libhokisi lemathulusi

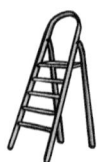

ladder

lilele

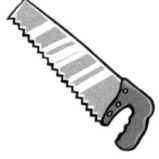

saw

lisaha

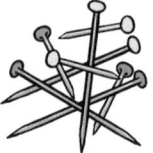

nails

tipikili

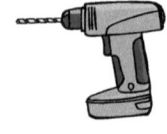

drill

umshini wekwenta timbobo

repair

lungisa

shovel

lifosholo

Damn!

i-Damni!

dustpan

lipani lekuwola tibi

paint can

likani lapende

screws

tikruzi

musical instruments
insimbi yemculo

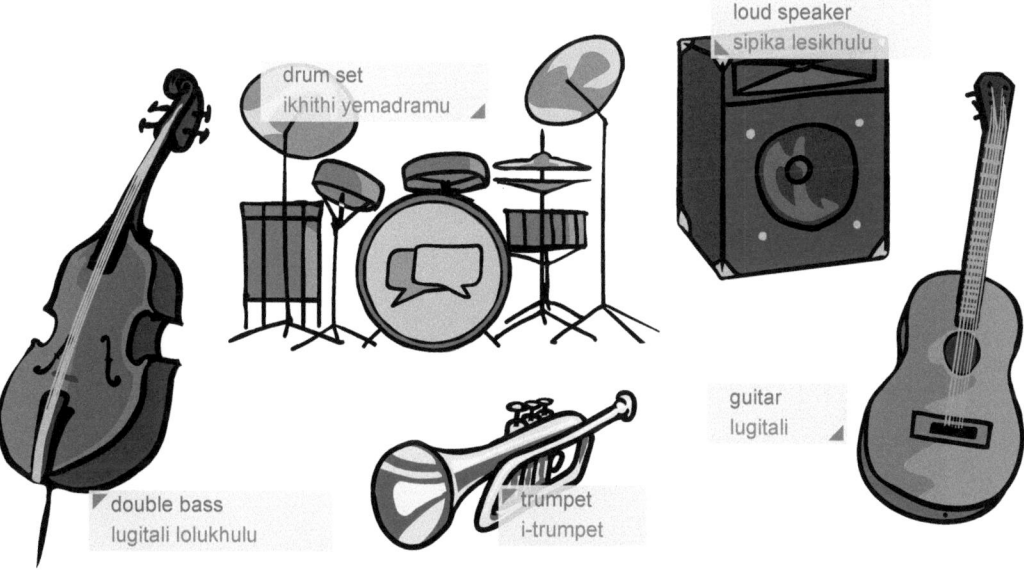

drum set
ikhithi yemadramu

loud speaker
sipika lesikhulu

guitar
lugitali

double bass
lugitali lolukhulu

trumpet
i-trumpet

piano

i-piano

violin

ivayolini

bass

ibhesi

timpani

i-timpani

drums

emadramu

keyboard

i-keyboard

saxophone

i-saxohone

flute

ifluthi

microphone

umbhobho

zoo

i-zoo

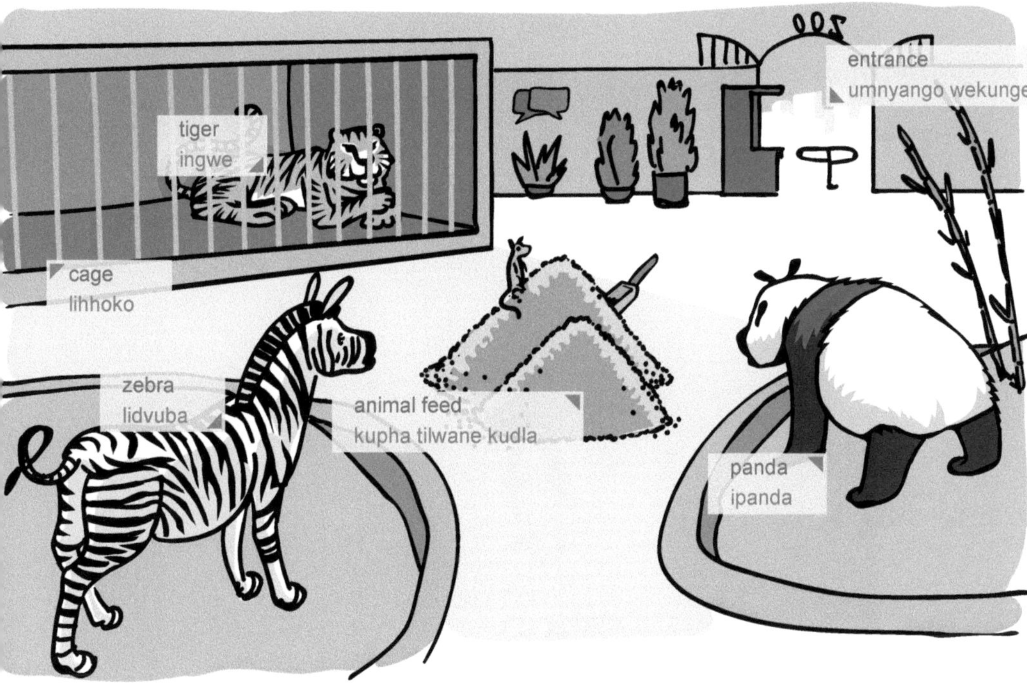
tiger
ingwe
entrance
umnyango wekungen
cage
lihhoko
zebra
lidvuba
animal feed
kupha tilwane kudla
panda
ipanda

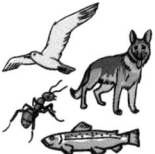

animals

tilwane

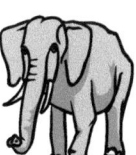

elephant

indlovu

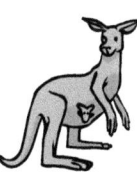

kangaroo

ikangaru

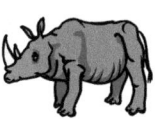

rhino

bhejane

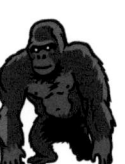

gorilla

igorila

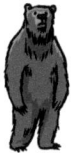

bear

libhele

camel

likamela

ostrich

i-ostrishi

lion

libhubesi

monkey

imfene

flamingo

i-flamingo

parrot

iparoti

polar bear

libhele

penguin

iphejini

shark

shaka

peacock

iphigogo

snake

inyoka

crocodile

ingwenya

zookeeper

umgcini tilwane

seal

isili

jaguar

i-jaguar

pony

poni

leopard

ingwe

hippo

imvubu

giraffe

indlulamitsi

eagle

lusweti

boar

ingulube yesiganga

fish

imfishi

turtle

lifundvu

walrus

i-warasi

fox

jakalazi

gazelle

inyamatane

American football
libhola letinyawo laseMelika

cycling
umdlalo wemabhayisikili

tennis
itenesi

basketball
i-basketball

swimming
kududa

boxing
umdlalo wetibhakela

ice hockey
umdlalo waselichweni

soccer
libhola letinyawo

badminton
i-badminton

athletics
tingijimi

handball
libhola letandla

skiing
umdlalo wekuntjuza

polo
i-polo

activities
imisebenti

laugh
hleka
jump
gcuma
hug
gona
walk
hamba
sing
hlabela
dream
liphupho
pray
thantaza
kiss
cabuza

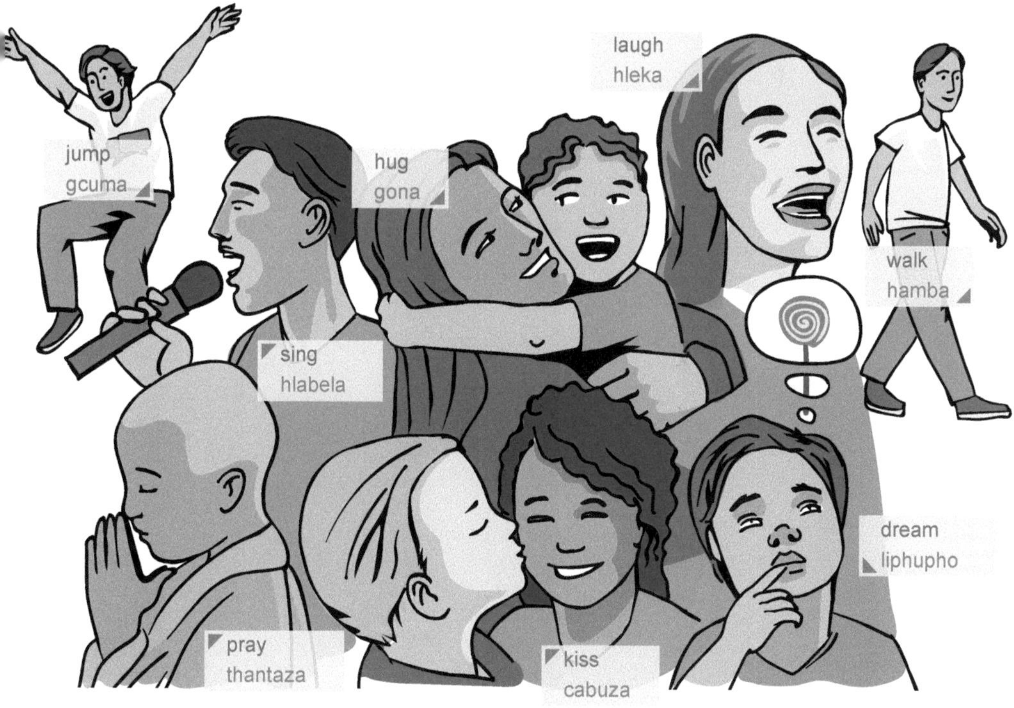

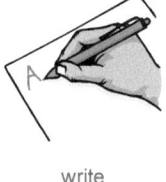

write
bhala

draw
tsatsa

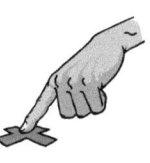

show
khombisa

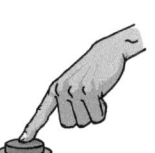

push
fuca

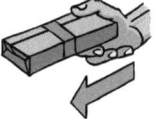

give
nika

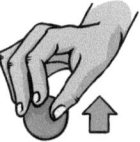

take
tsatsa

have

tsatsa

do

yenta

be

be

stand

sukuma

run

gijima

pull

dvonsa

throw

jika

fall

wani

lie

cala emanga

wait

mani

carry

tsatsa

sit

hlala

get dressed

yembatsa

sleep

lala

wake up

vuka

look at

buka

cry

khala

stroke

shaya

comb

kama

talk

khuluma

understand

condza

ask

buta

listen

lalela

drink

natsa

eat

dlani

tidy up

gcogca

love

tsandza

cook

pheka

drive

shayela

fly

ndiza

sail

ntjuza

calculate

bala

read

fundza

learn

fundza

work

sebenta

marry

shada

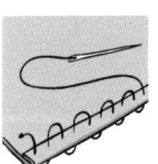

sew

tfunga

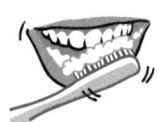

brush teeth

kugeza ematinyo

kill

bulala

smoke

bhema

send

tfumela

family
umndeni

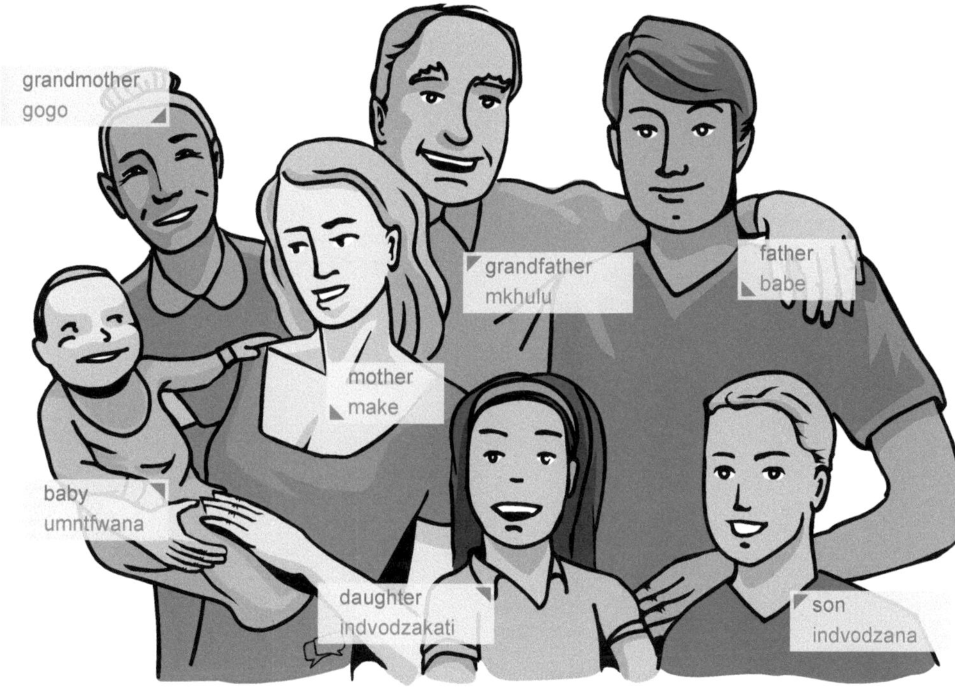

grandmother
gogo
grandfather
mkhulu
father
babe
mother
make
baby
umntfwana
daughter
indvodzakati
son
indvodzana

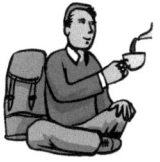

guest

sivakashi

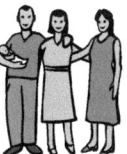

aunt

anti

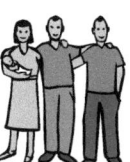

uncle

malume

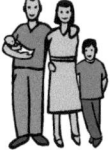

brother

umnaketfu

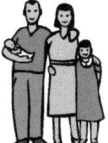

sister

sisi

body

umtimba

forehead
siphongo
eye
liso
face
buso
chin
silevu
breast
libele
finger
umuno
hand
sandla
arm
umkhono
shoulder
lihlombe
leg
umbala

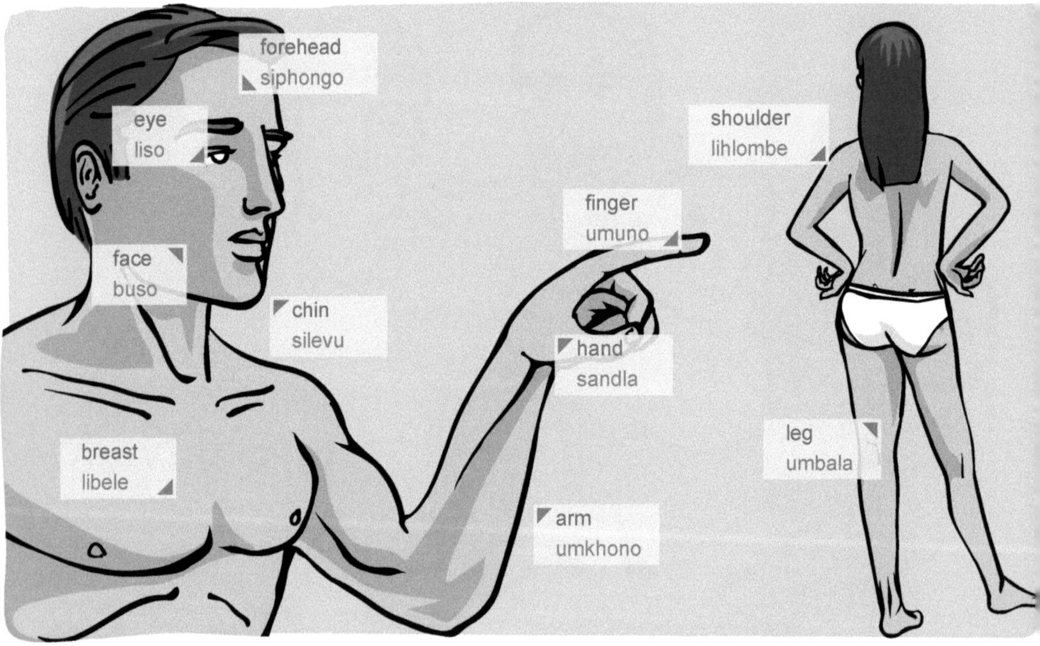

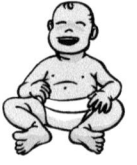

baby

umntfwana

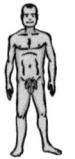

man

indvodza

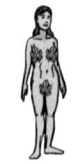

woman

umfati

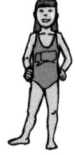

girl

intfombatane

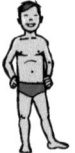

boy

umfana

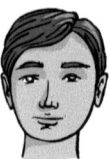

head

inhloko

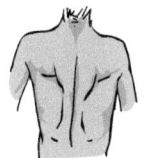

back

emuva

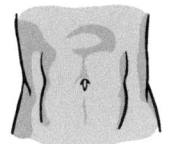

belly

umkhatjana

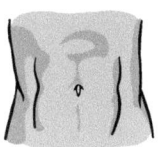

navel

sibhono

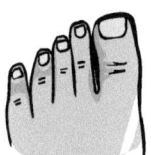

toe

luzwane

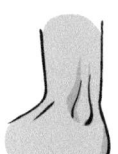

heel

sitsendze

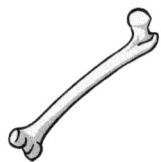

bone

litsambo

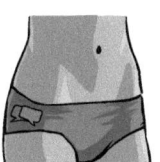

hip

litsanga

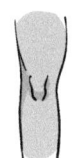

knee

lidvolo

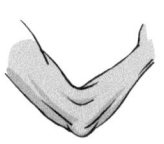

elbow

ingcosa

nose

imphumulo

buttocks

entansi

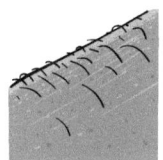

skin

sikhumba

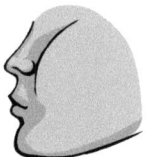

cheek

sihlatsi

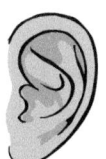

ear

indlebe

lip

indzebe

mouth
umlomo

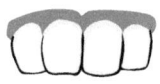

tooth
litinyo

tongue
lilimi

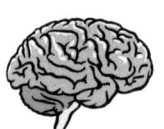

brain
bucopho

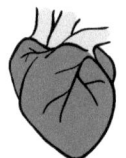

heart
inhlitiyo

muscle
umsipha

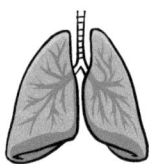

lung
liphaphu

liver
sibindzi

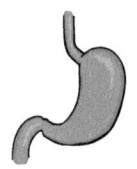

stomach
sisu

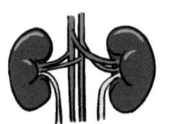

kidneys
tinso

sex
kulalana

condom
lijazi lemkhwenyana

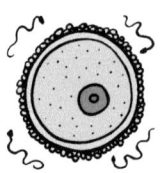

ovum
licandza lentalo

semen
sidvodza

pregnancy
kukhulelwa

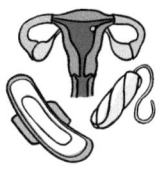

menstruation

kuya esikhatsini

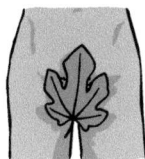

vagina

ligolo

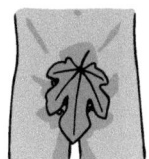

penis

umpipi

eyebrow

inkhophe

hair

lunwele

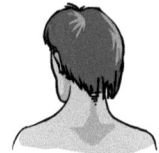

neck

intsamo

hospital
sibhedlela

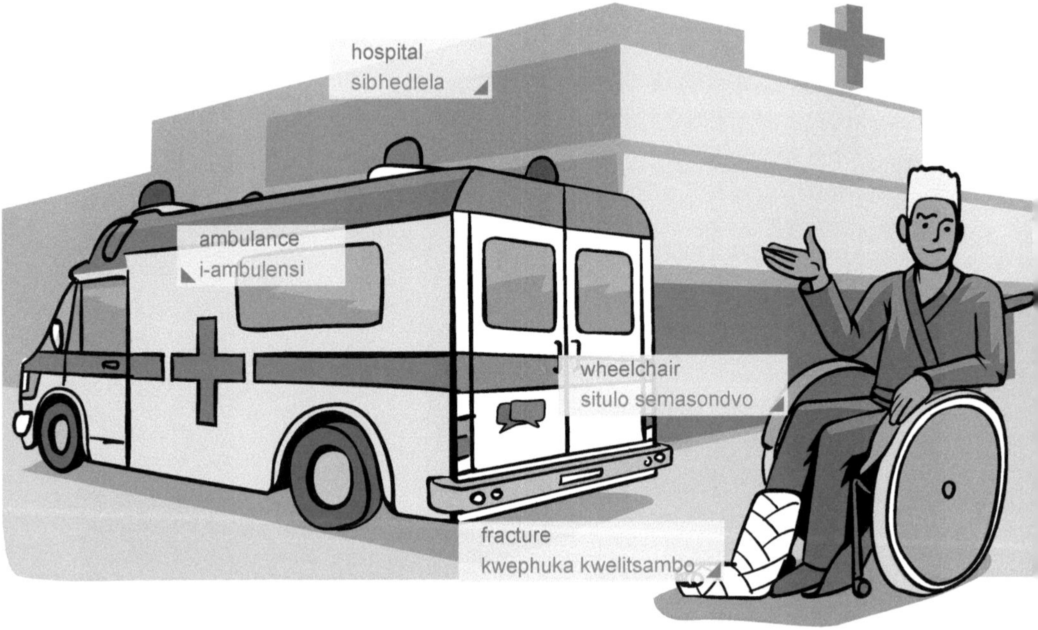

hospital
sibhedlela
ambulance
i-ambulensi
wheelchair
situlo semasondvo
fracture
kwephuka kwelitsambo

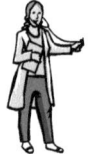

doctor

dokotela

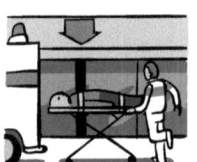

emergency room

ligumbi letimo letiphutfumako

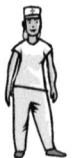

nurse

nesi

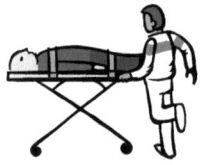

emergency

simo lesiphutfumako

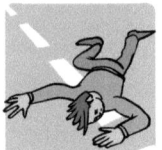

unconscious

kucaleka

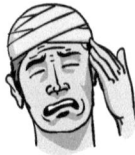

pain

buhlungu

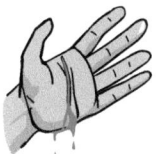

injury

kulimala

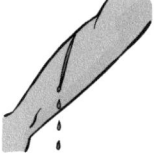

bleeding

kopha

heart attack

kuhlaselwa sifo senhlitiyo

stroke

kufa luhlangotsi

allergy

i-aleji

cough

kukhwehlela

fever

kushisa

flu

umkhuhlane

diarrhea

kusheka

headache

kubulawa yinhloko

cancer

umdlavuza

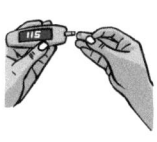

diabetes

kuba nashukela

surgeon

dokotela

scalpel

umukhwa wekusika
wabodokotela

operation

kusikwa

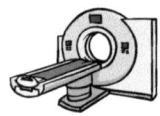

CT

i-CT

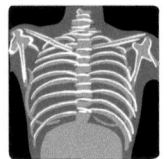

x-ray

i-x ray

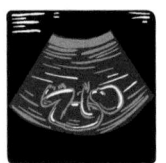

ultrasound

umsindvo

face mask

sifonyo

disease

sifo

waiting room

ligumbi lekulindza

crutch

indvuku yekuhamba

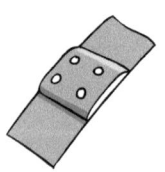

plaster

i-plaster

bandage

ibhandishi

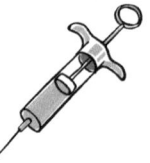

injection

umjovo

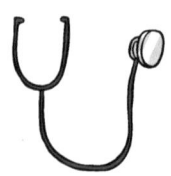

stethoscope

lithulusi labodokotela
lekulalela inhlitiyo

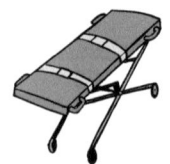

stretcher

luhlaka

clinical thermometer

kwekuhlola lizinga lemuntfu
lekushisa

birth

kutalwa

overweight

kunona kakhulu

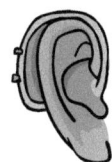

hearing aid

tinsita tekuva etindlebeni

disinfectant

sibulali magciwane

infection

kwesuleleka ngesifo

virus

ligciwane

HIV / AIDS

i-HIV / AIDS

medicine

umutsi

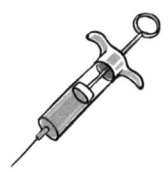

vaccination

kugoma

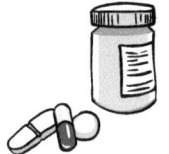

tablets

emaphilisi

pill

liphilisi

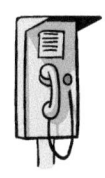

emergency call

lucingo loluphutfumako

blood pressure monitor

sicaphi semfutfo wengati

ill / healthy

gula / umcemane

Help!

Lusito!

alarm

i-alamu

assault

kuhlukumeta

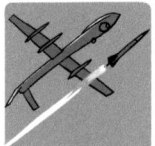

attack

kuhlasela

danger

ingoti

emergency exit

umnyango wekuphuma
nakuphutfuma

Fire!

Umlilo

fire extinguisher

sicishamlilo

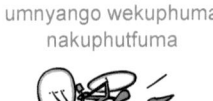

accident

ingoti

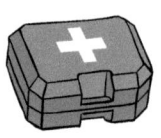

first-aid kit

ikhidi yelusito lwekucala

SOS

SOS

police

emaphoyisa

Europe

i-Europe

North America

iNyakatfo YeMelika

South America

iNingizimu YeMelika

Africa

i-Afrika

Asia

i-Asia

Australia

i-Australia

Atlantic

i-Atlantic

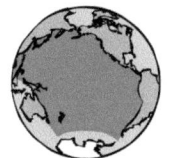

Pacific

i-Pacific

Indian Ocean

i-Idian Ocean

Antarctic Ocean

i-Antarctic Ocean

Arctic Ocean

i-Arctic Ocean

North pole

Ligumbi laseNyakatfo

South pole

Ligumbi laseNingizimu

Antarctica

iAntarctica

earth

Umhlaba

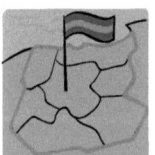

land

indzawo

sea

lwandle

island

sichingi

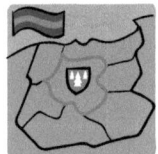

nation

sive

state

umbuso

clock face

buso beliwashi

hour hand

li-awa

minute hand

imizuzu

second hand

imizuzwana

What time is it?

sikhatsi sini nyalo?

day

lusuku

time

sikhatsi

now

nyalo

digital watch

liwashi lesimanjemanje

minute

umzuzu

hour

li-awa

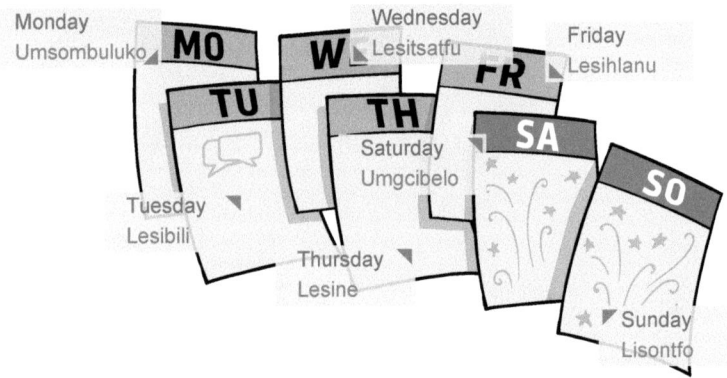

Monday
Umsombuluko

Wednesday
Lesitsatfu

Friday
Lesihlanu

Saturday
Umgcibelo

Tuesday
Lesibili

Thursday
Lesine

Sunday
Lisontfo

yesterday

itolo

today

lamuhla

tomorrow

kusasa

morning

ekuseni

noon

emini

evening

entsambama

workdays

emalanga emsebenti

weekend

imphelasontfo

year
umnyaka

rain
imvula
rainbow
umushi wenkhosatane
snow
umkhitsiko
wind
umoya
spring
Intfwasahlobo
summer
lihlobo
fall
Intfwasabusika
winter
busika

4.APRIL 11°
5.APRIL 4°
6.APRIL 13°
7.APRIL 8°
8.APRIL 10°

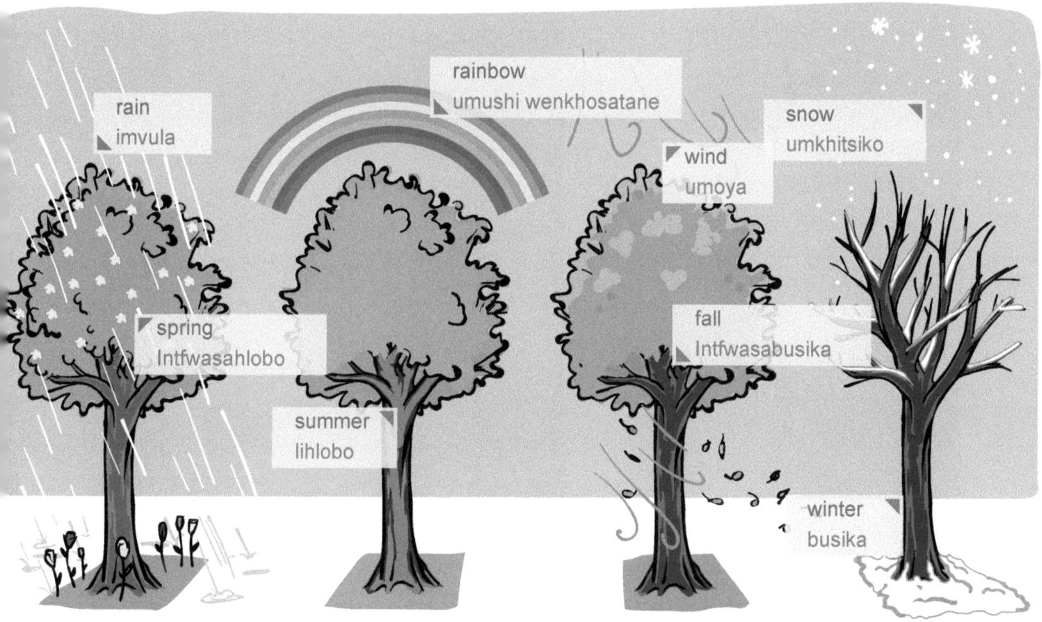

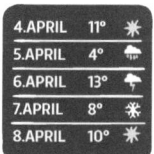

weather forecast

simo selitulo

F C
120 40
90 30
60 20
30 10
0 0
-30 -10
-20

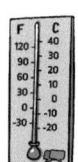

thermometer

kwekuhlola lizinga lekushisa

sunshine

kubalela

cloud

emafu

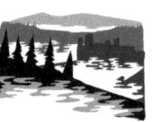

fog

inkhungu

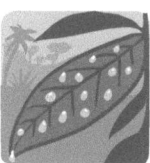

humidity

umswakamo

lightning

umbane

thunder

umbane

storm

kudvuma lobunebungoti

hail

sangcotfo

monsoon

inyeti

flood

tikhukhula

ice

lichwa

January

Bhimbidvwane

February

Indlovana

March

Indlovulenkhulu

April

Mabasa

May

Inkhwenkhweti

June

Inhlaba

July

Kholwane

August

Ingci

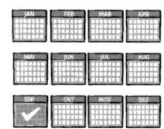

September

Inyoni

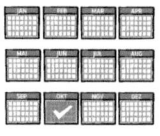

October

Imphala

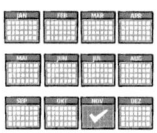

November

Lweti

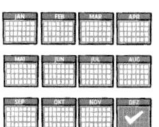

December

Ingongoni

shapes

kubumbeka kwetintfo

circle

indingiliza

square

sikwele

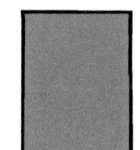

rectangle

umdvwebo lonetinhlangotsi
letindze letilinganako

triangle

ncantsatfu

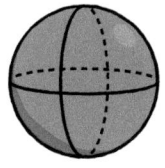

sphere

i-sphere

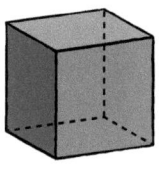

cube

ikhiyubhu

white
....
kumhlophe

yellow
....
phuti

orange
....
sheli

pink
....
kupinki

red
....
kubovu

purple
....
kunsomi

blue
....
luhlata

green
....
luhlata njengetjani

brown
....
loku-brown

gray
....
mtfubi

black
....
mnyama

a lot / a little

kunyenti / kuncane

angry / calm

kutfukutsela / kwehlisa umoya

beautiful / ugly

buhle / bubi

beginning / end

sicalo / siphetfo

big / small

bukhulu / buncane

bright / dark

kukhanya / bumnyama

brother / sister

bhuti / sisi

clean / dirty

kuhloba / kungcola

complete / incomplete

kuphelela / kungapheleli

day / night

imi / busuku

dead / alive

kufa / kuphila

wide / narrow

kubanti / kuncane

edible / inedible

lokudliwako / lokungadliwa

evil / kind

inhlitiyo lembi / umusa

excited / bored

kutsakasa / kudvumala

fat / thin

sidudla / umcondvo

first / last

kwekucala / kwekugcina

friend / enemy

umngani / sitsa

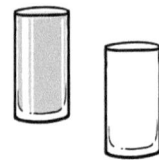

full / empty

kugcwala / kute lutfo

hard / soft

kucina / kutsamba

heavy / light

kusindza / kulula

hunger / thirst

kulamba / koma

ill / healthy

gula / umcemane

illegal / legal

kungabi semtsetfweni /
kuba semtsetfweni

intelligent / stupid

kuhlakanipha / bulima

left / right

sencele / sekudla

near / far

dvutane / khashane

new / used

lokusha / lokudzala

nothing / something

kute lutfo / kunalokutsite

old / young

budzala / busha

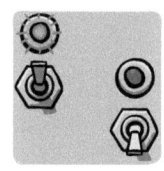

on / off

kuyasebenta / akusebenti

open / closed

kuvulekile / kuvalekile

quiet / loud

kuthula / umsindvo

rich / poor

kunjinga / kuphuya

right / wrong

kulungile / akukalungi

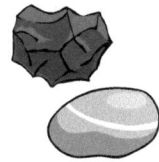

rough / smooth

kuyahhedla / kuyashelela

sad / happy

kuva buhlungu / kujabula

short / long

kufishane / kudze

slow / fast

kunwabuka / kushesha

wet / dry

kumanti / komile

warm / cool

kufutfumele / kusivuvu

war / peace

imphi / kuthula

0

zero

indilinga

1

one

kunye

2

two

kubili

3

three

kutsatfu

4

four

kune

5

five

sihlanu

6

six

sitfupha

7

seven

sikhombisa

8

eight

siphohlongo

9

nine

yimfica

10

ten

lishumi

11

eleven

lishumi nakunye

12

twelve

lishumi nakubili

13

thirteen

lishumi nakutsatfu

14

fourteen

lishumi nakune

15

fifteen

lishumi nesihlanu

16

sixteen

lishumi nesitfupha

17

seventeen

lishumi nesikhombisa

18

eighteen

lishumi nesiphohlongo

19

nineteen

lishumi nemfica

20

twenty

emashumi lamabili

100

hundred

likhulu

1.000

thousand

inkhulungwane

1.000.000

million

sigidzi

English
....
Singisi

American English
....
Singisi saseMelika

Chinese Mandarin
....
SiMandarini seseShayina

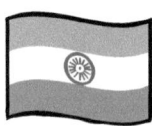

Hindi
....
SiHindi

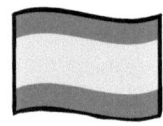

Spanish
....
Sipanishi

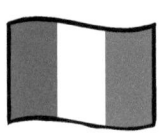

French
....
SiFulentji

Arabic
....
Si-Arabu

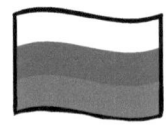

Russian
....
SiRashiya

Portuguese
....
SiPhuthukezi

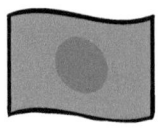

Bengali
....
SiBhengali

German
....
SiJalimane

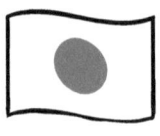

Japanese
....
SiJapane

I
Mine

you
wena

he / she / it
yena / yona

we
tsine

you
nine

they
bona

who?
bani?

what?
ini?

how?
njani?

where?
kuphi?

when?
nini?

name
libito

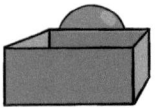

behind

ngemuva

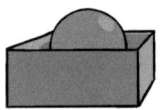

in

ekhatsi

in front of

embi kwe

over

ngenhla

on

etulu

under

ngephansi

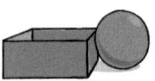

beside

eceleni

between

emkhatsini

place

indzawo